AIDA descomplicado: converta atenção em vendas

I0477811

REGINALDO OSNILDO

APRESENTAÇÃO

Bem-vindo a "**AIDA descomplicado: converta atenção em vendas**", o guia definitivo que vai transformar a maneira como você enxerga e aplica estratégias de vendas e marketing no seu dia a dia. Se você é um vendedor ou profissional de marketing buscando não apenas alcançar, mas superar suas metas, este livro foi feito sob medida para você.

Vivemos em um mundo onde a atenção do consumidor nunca esteve tão disputada. As constantes inovações tecnológicas e a avalanche de conteúdo disponível online tornam o desafio de destacar-se ainda maior. É aqui que este livro entra: para ser o seu farol nessa tempestade de informações, oferecendo clareza e direção. Ao longo destas páginas, você será introduzido ao método AIDA - ATENÇÃO, INTERESSE, DESEJO, AÇÃO - um framework clássico que se mantém notavelmente relevante em nossa era digital, ajudando-o a guiar o cliente através de cada etapa do funil de vendas com precisão e eficácia.

Não estamos aqui apenas para revisitar teorias; vamos mergulhar profundamente em como esses conceitos podem ser adaptados e aplicados no contexto atual, garantindo que você saia não apenas com conhecimento, mas com um arsenal de estratégias prontas para serem implementadas. Este livro é resultado de uma ampla pesquisa, mas também de experiências reais e adaptadas para atender às necessidades do mercado atual. Cada capítulo foi cuidadosamente elaborado para fornecer não apenas teoria, mas também exemplos práticos, dicas aplicáveis e insights valiosos que você poderá usar para otimizar suas estratégias de vendas e marketing.

O QUE VOCÊ PODE ESPERAR?

- **Introdução detalhada ao método AIDA**, descomplicando cada etapa do processo de compra e mostrando como você pode utilizar esse conhecimento para criar estratégias mais eficazes.

- **Estratégias criativas e inovadoras** para capturar a atenção do cliente, despertar o interesse, criar desejo e, finalmente, induzir à ação.

- Técnicas de personalização para fazer cada cliente se sentir único, aumentando as chances de conversão a cada etapa do processo.

- Conselhos práticos para superar barreiras comuns, utilizando ferramentas digitais para potencializar suas ações e adaptando o método AIDA para diferentes canais, tanto online quanto offline.

Este livro é um convite para você mergulhar de cabeça no universo de vendas e marketing, armado com o conhecimento e as ferramentas necessárias para se destacar. A cada capítulo, você descobrirá novas maneiras de envolver seus clientes e, mais importante, convertê-los. E ao final desta jornada, você não apenas terá absorvido uma quantidade significativa de conhecimento, mas também estará pronto para aplicar essas estratégias e ver resultados tangíveis.

Preparado para transformar a atenção em vendas de maneira descomplicada? Então, vire a página e comece esta jornada. A próxima etapa, **"INTRODUÇÃO AO MÉTODO AIDA: A JORNADA DE COMPRA REVELADA"**, espera por você com insights essenciais para começar a aplicar desde já. Vamos juntos desbloquear o potencial do seu negócio e levar suas estratégias de vendas e marketing a um novo patamar.

Atenciosamente

Prof. Dr. Reginaldo Osnildo

INTRODUÇÃO AO MÉTODO AIDA: A JORNADA DE COMPRA REVELADA

Bem-vindo ao primeiro passo da sua transformação nas estratégias de vendas e marketing. Este capítulo é dedicado a desvendar o método AIDA, um conceito que, apesar de ter sido criado no distante ano de 1898 por Elias St. Elmo Lewis, permanece incrivelmente relevante e eficaz na jornada de compra do consumidor moderno. AIDA é um acrônimo para ATENÇÃO, INTERESSE, DESEJO e AÇÃO, e serve como um roteiro para guiar potenciais clientes através de cada fase do processo de compra.

A - Atenção: O primeiro passo é capturar a atenção do seu público-alvo. Em um mundo bombardeado por informações, fazer com que seu produto ou serviço se destaque é crucial. Neste estágio, a criatividade e a visibilidade são suas melhores ferramentas.

I - Interesse: Uma vez que você tenha a atenção do consumidor, o próximo passo é manter e aprofundar esse interesse. Isso é feito ao destacar os aspectos do seu produto ou serviço que são mais relevantes e atraentes para o seu público. É aqui que você começa a criar uma conexão mais significativa com o potencial cliente.

D - Desejo: Interesse não é o mesmo que desejo. O desejo vem quando o cliente potencial não só entende os benefícios do produto ou serviço, mas também os internaliza, visualizando como eles poderiam melhorar sua vida ou resolver um problema específico.

A - Ação: O estágio final é onde você incentiva o cliente a tomar uma ação específica, seja realizando uma compra, inscrevendo-se para um teste gratuito ou solicitando mais informações. As chamadas para ação (CTAs) são vitais aqui para converter esse interesse e desejo em uma ação tangível.

APLICANDO O AIDA HOJE

Você pode estar se perguntando: como um conceito tão antigo ainda pode ser relevante na era digital? A resposta está na universalidade da jornada do consumidor. Apesar das mudanças nos canais e nas tecnologias, o processo fundamental pelo qual as pessoas tomam decisões de compra permanece o mesmo. No entanto, para ser eficaz hoje, é essencial adaptar e atualizar as estratégias de AIDA para o contexto atual.

ATENÇÃO NO MUNDO DIGITAL

Capturar a atenção hoje significa entender onde seu público-alvo passa seu tempo e como ele consome informações. Isso pode ser nas redes sociais, mecanismos de busca, ou através de conteúdo de vídeo. O importante é criar conteúdo que não só chame a atenção, mas que também seja valioso e relevante para o seu público.

INTERESSE COM VALOR

Manter o interesse do cliente é mais desafiador do que nunca. É crucial fornecer valor contínuo através de conteúdo educacional, entretenimento ou soluções para problemas comuns. Histórias de marca bem construídas e conteúdo personalizado podem ser extremamente eficazes aqui.

DESEJO ATRAVÉS DA CONEXÃO

Criar desejo é criar uma conexão emocional. Use histórias de sucesso de clientes, demonstrações de produtos, ou visualizações de vida para ajudar os potenciais clientes a se verem beneficiando do seu produto ou serviço. Tornar o produto tangível, mesmo que apenas na imaginação do cliente, é chave.

AÇÃO SIMPLIFICADA

A ação deve ser fácil e livre de obstáculos. Isso significa ter um processo de compra simples, opções de pagamento flexíveis, e garantias que removam o risco percebido. Uma boa CTA é clara, convincente e leva o cliente diretamente para a próxima etapa desejada.

PARA ONDE VAMOS A PARTIR DAQUI?

Agora que você tem uma compreensão sólida do método AIDA e sua relevância nos dias de hoje, está na hora de mergulhar nas estratégias específicas que podem ser aplicadas para capturar a atenção do seu público. No próximo capítulo, "**CAPTURANDO ATENÇÃO: PRIMEIROS PASSOS PARA ENGAJAR**", exploraremos técnicas criativas e inovadoras que não apenas capturam a atenção, mas também estabelecem a base para um relacionamento duradouro com seus clientes.

Prepare-se para desbloquear o poder da atenção em suas estratégias de vendas e marketing. Vamos transformar a teoria em prática e começar a jornada para converter atenção em vendas de maneira eficaz e impactante. Vire a página e comece a transformar o potencial em realidade.

CAPTURANDO ATENÇÃO: PRIMEIROS PASSOS PARA ENGAJAR

No mundo atual, onde cada segundo conta e a competição por atenção nunca foi tão acirrada, capturar o olhar do consumidor é o primeiro e, talvez, o maior desafio de qualquer estratégia de vendas e marketing. Neste capítulo, vamos explorar como você pode efetivamente capturar essa atenção tão disputada, transformando observadores passivos em participantes ativos na história da sua marca.

ENTENDA SEU PÚBLICO

O primeiro passo para capturar a atenção é compreender profundamente quem é seu público-alvo. Quais são seus interesses? Onde eles passam o tempo online? Quais problemas eles estão tentando resolver? Uma compreensão clara do seu público não apenas direciona sua mensagem para as pessoas certas, mas também ajuda a personalizar essa mensagem para ressoar com elas em um nível mais profundo.

O PODER DO VISUAL

Em uma era dominada pelas mídias sociais, o conteúdo visual nunca foi tão importante. Imagens impactantes, vídeos envolventes e designs atraentes têm uma capacidade incomparável de parar o deslizar das telas e chamar a atenção. Invista em conteúdo visual de alta qualidade que destaque seu produto ou serviço de maneiras criativas e inesperadas.

SEJA ÚTIL

Oferecer valor desde o primeiro contato é uma estratégia infalível para capturar e manter a atenção. Isso pode ser feito por meio de conteúdo educativo, como blogs, e-books, webinars ou vídeos tutoriais que não apenas informam, mas também solucionam problemas do seu público-alvo. Ao se posicionar como uma fonte de conhecimento e soluções, você não só captura a atenção, mas também constrói confiança.

CRIE TÍTULOS ATRAENTES

No mar de conteúdo online, um título atraente é como um farol para navios perdidos. Ele deve ser capaz de chamar a atenção e provocar curiosidade suficiente para fazer alguém parar e querer saber mais. Use números, perguntas, teasers ou afirmações ousadas para tornar seus títulos irresistíveis.

USE AS REDES SOCIAIS A SEU FAVOR

As redes sociais são terrenos férteis para capturar a atenção, mas requerem uma abordagem estratégica. Conhecer as peculiaridades de cada plataforma e adaptar seu conteúdo para cada uma delas pode aumentar significativamente seu alcance e engajamento. Além disso, utilizar recursos como hashtags relevantes, stories e lives pode amplificar sua visibilidade e atrair mais olhares para sua marca.

A NARRATIVA É CHAVE

Histórias conectam pessoas. Utilizar a narrativa para contar a história do seu produto ou serviço, de como ele foi criado, dos problemas que resolve ou das vidas que mudou, pode ser extremamente poderoso. As pessoas se lembram de histórias muito depois de esquecerem estatísticas ou fatos, então use esse poder a seu favor.

AUTENTICIDADE GERA CONEXÃO

Em um mundo de constantes vendas e marketing, a autenticidade se destaca. Seja verdadeiro nas suas mensagens e nas histórias que conta. Mostrar os bastidores, compartilhar desafios e sucessos, e manter uma voz consistente e genuína ajudará a criar uma conexão emocional com seu público, tornando sua marca mais memorável.

PREPARANDO O TERRENO PARA O INTERESSE

Capturar a atenção é apenas o início. O verdadeiro desafio começa em manter essa atenção e transformá-la em interesse genuíno. No próximo capítulo, "**DESPERTANDO O INTERESSE: MANTENDO**

O CLIENTE ENVOLVIDO", vamos mergulhar nas estratégias para manter seu público engajado, interessado e ansioso por mais informações sobre seu produto ou serviço. Você aprenderá como utilizar o interesse despertado aqui para construir um caminho sólido em direção ao desejo e, finalmente, à ação.

Prepare-se para transformar a atenção capturada em um interesse duradouro. Este é o próximo passo na sua jornada para converter atenção em vendas, criando uma base de clientes não apenas interessados, mas verdadeiramente engajados com sua marca. Vamos juntos nessa?

DESPERTANDO O INTERESSE: MANTENDO O CLIENTE ENVOLVIDO

Após capturar a atenção do seu público, o próximo grande desafio é transformar esse breve momento de foco em um interesse profundo e sustentado. Este capítulo é dedicado a estratégias que não apenas mantêm seu público engajado, mas também aumentam seu interesse pelo seu produto ou serviço, incentivando-os a querer saber mais e, eventualmente, mover-se em direção à decisão de compra.

EDUQUE SEU PÚBLICO

A educação é uma ferramenta poderosa para manter o interesse do cliente. Por meio de conteúdos que informam, ensinam e agregam valor, você pode ajudar seu público a entender melhor seu setor, seu produto e como ele pode resolver seus problemas ou satisfazer suas necessidades. Blogs, e-books, webinars e vídeos tutoriais são excelentes maneiras de compartilhar conhecimento e manter seu público interessado.

COMUNIQUE BENEFÍCIOS, NÃO APENAS CARACTERÍSTICAS

Os clientes potenciais querem saber como seu produto ou serviço pode melhorar suas vidas. Em vez de se concentrar apenas nas características técnicas, destaque os benefícios reais que os usuários obterão. Por exemplo, ao invés de dizer que um smartphone tem 128GB de armazenamento, explique como esse espaço pode armazenar milhares de fotos, vídeos e aplicativos, simplificando a vida do usuário.

INTERAJA E ENGAJE

A interação é a chave para manter o interesse vivo. Utilize as redes sociais, e-mails e chats para conversar diretamente com seu público, responder às suas perguntas e ouvir seus feedbacks. Criar uma comunidade em torno da sua marca onde os clientes se sintam ouvidos e valorizados pode transformar o interesse inicial em lealdade a longo prazo.

UTILIZE O STORYTELLING

Histórias têm o poder de envolver as pessoas em um nível emocional. Compartilhar histórias de sucesso de clientes, o processo por trás da criação do seu produto ou até mesmo os desafios enfrentados no caminho pode tornar sua marca mais relacionável e aumentar o interesse do público. As pessoas são naturalmente atraídas por narrativas que despertam emoções, então use isso a seu favor.

DEMONSTRAÇÕES E PROVAS SOCIAIS

Uma das melhores maneiras de aumentar o interesse é mostrar seu produto em ação. Demonstrativos, testes gratuitos, amostras ou tours virtuais permitem que os clientes experimentem seu produto antes da compra, aumentando significativamente o interesse. Além disso, inclua avaliações, depoimentos e estudos de caso como prova social para reforçar a confiança e o interesse no seu produto.

PERSONALIZE A EXPERIÊNCIA

Em um mundo saturado de conteúdo genérico, a personalização pode fazer sua marca se destacar. Use dados e insights para oferecer recomendações personalizadas, conteúdos e ofertas que se alinham com os interesses e necessidades individuais do seu público. A personalização não apenas aumenta o interesse, mas também fortalece a conexão com sua marca.

MANTENHA A NOVIDADE

Manter seu produto, serviço ou conteúdo atualizado e trazer novidades regularmente pode reacender e manter o interesse do público. Seja através do lançamento de novos produtos, atualizações de recursos ou conteúdo fresco e relevante, a novidade incentiva os clientes a manterem-se engajados com sua marca.

AVANÇANDO PARA O DESEJO

Despertar e manter o interesse é crucial, mas é apenas uma parte da jornada. No próximo capítulo, "**CRIANDO DESEJO: O CORAÇÃO DA CONVERSÃO**", vamos explorar como você pode transformar esse interesse sustentado em um desejo ardente pelo seu produto ou serviço. Prepararemos o terreno para que este interesse evolua para o próximo estágio, onde os clientes estão prontos para agir com base em suas emoções e percepções sobre o valor que você oferece.

Esteja pronto para mergulhar ainda mais fundo nas técnicas que não apenas capturam a mente dos seus clientes, mas também conquistam seus corações. Vamos juntos transformar o interesse em desejo, movendo seus clientes cada vez mais perto da ação final de compra.

CRIANDO DESEJO: O CORAÇÃO DA CONVERSÃO

Transformar o interesse dos seus clientes em desejo é uma arte e uma ciência. Neste estágio, o objetivo é fazer com que seus clientes não apenas queiram, mas sintam que precisam do seu produto ou serviço. Aqui, vamos explorar estratégias eficazes para criar esse desejo profundo, pavimentando o caminho para a ação final de compra.

APELO ÀS EMOÇÕES

O desejo é alimentado por emoções. Para criar um desejo profundo pelo seu produto ou serviço, você precisa conectar-se emocionalmente com seu público. Isso pode ser feito através de storytelling, imagens que provocam sentimentos, ou mensagens que ressoam com os valores e aspirações dos clientes. Mostre como seu produto pode transformar a vida do cliente, trazendo felicidade, alívio, segurança ou qualquer outra emoção que seu produto promete entregar.

DESTAQUE A EXCLUSIVIDADE

As pessoas desejam o que é percebido como exclusivo ou limitado. Destaque a singularidade do seu produto ou serviço, enfatizando qualquer aspecto que o diferencie da concorrência. Isso pode incluir design inovador, funcionalidade exclusiva, disponibilidade limitada ou acesso a uma comunidade exclusiva. A sensação de ter algo único pode transformar o interesse em desejo.

DEMONSTRAÇÕES PODEROSAS

Ver é crer, e nada cria desejo como a prova visual de que seu produto funciona maravilhosamente. Investir em demonstrações de produtos, vídeos de antes e depois, e estudos de caso detalhados pode fazer maravilhas para convencer os clientes em potencial do valor real e tangível que seu produto ou serviço pode trazer para suas vidas.

REFORÇO DA PROVA SOCIAL

A opinião dos outros tem um impacto significativo no desejo.

Incluir avaliações positivas, depoimentos de clientes e casos de sucesso em sua comunicação pode reforçar o desejo, mostrando que outras pessoas não apenas desejaram, mas estão satisfeitas e felizes com a decisão de compra. A prova social é uma poderosa ferramenta de persuasão que pode impulsionar o desejo e a confiança em sua oferta.

CRIE URGÊNCIA

O desejo pode ser intensificado pela sensação de urgência. Ofertas por tempo limitado, contagens regressivas ou estoque limitado são táticas que podem fazer os clientes agirem rapidamente para não perderem a oportunidade. A chave é comunicar que agir agora é essencial para garantir o valor que seu produto ou serviço oferece.

PERSONALIZAÇÃO E RECOMENDAÇÃO

A personalização eleva o desejo ao fazer com que o cliente sinta que sua oferta foi feita sob medida para ele. Utilize dados e preferências do cliente para personalizar recomendações, ofertas e mensagens. A sensação de que uma solução foi criada especificamente para atender às suas necessidades pode transformar o interesse moderado em desejo ardente.

ENVOLVIMENTO SENSORIAL

Aproveite todos os sentidos para criar uma experiência imersiva em torno do seu produto ou serviço. Isso pode ser desafiador no ambiente digital, mas não impossível. Use descrições ricas, imagens vívidas, vídeos envolventes e experiências interativas para envolver os sentidos e tornar o desejo pelo seu produto ou serviço inegável.

PREPARANDO PARA A AÇÃO

Criar desejo é o prelúdio para o passo final e mais crucial: a ação. No próximo capítulo, "**INDUZINDO À AÇÃO: ESTRATÉGIAS DE FECHAMENTO EFICAZES**", focaremos em como converter esse desejo em decisões concretas de compra. Vamos explorar as melhores práticas para encorajar seus clientes a dar o último passo, utilizando chamadas para ação eficazes e estratégias de fechamento que transformam o interesse e o desejo em vendas reais.

Esteja preparado para aprender como selar o acordo, garantindo que o desejo cuidadosamente cultivado nos seus clientes se traduza em ação. Vamos juntos fazer a transição do desejo à decisão, fechando o ciclo AIDA com sucesso e eficácia.

INDUZINDO À AÇÃO: ESTRATÉGIAS DE FECHAMENTO EFICAZES

Após despertar com sucesso a atenção, o interesse e o desejo nos seus clientes, o passo final no processo AIDA é induzi-los à ação. Este capítulo é dedicado a transformar o desejo fervoroso em decisões de compra concretas, utilizando estratégias de fechamento que não apenas incentivam, mas também facilitam a ação por parte dos clientes.

CHAMADAS PARA AÇÃO CLARAS E CONVINCENTES

Uma chamada para ação (CTA) eficaz é crucial para induzir os clientes a tomar a próxima etapa. Seu CTA deve ser claro, direto e comunicar exatamente o que você deseja que o cliente faça, seja fazer uma compra, inscrever-se em um boletim informativo ou solicitar mais informações. Utilize verbos de ação e linguagem que inspire urgência ou benefício para motivar uma resposta imediata.

SIMPLIFIQUE O PROCESSO DE COMPRA

Uma das maiores barreiras à ação é um processo de compra complicado ou demorado. Analise e otimize o caminho do cliente para a compra, removendo qualquer obstáculo desnecessário. Isso pode incluir simplificar formulários, oferecer várias opções de pagamento, e garantir que o seu site ou plataforma de e-commerce seja rápido, seguro e fácil de navegar.

OFERTAS POR TEMPO LIMITADO

Criar um senso de urgência por meio de ofertas por tempo limitado é uma tática comprovada para impulsionar a ação. Ofertas especiais, descontos e bônus exclusivos disponíveis apenas por um período limitado incentivam os clientes a agirem rapidamente para não perderem a oportunidade.

GARANTIAS E PROVAS SOCIAIS

Oferecer garantias, como a devolução do dinheiro em um período determinado ou garantias de satisfação, pode reduzir o risco percebido e encorajar a ação. Além disso, destacar provas sociais, como depoimentos de clientes e classificações positivas, reforça a confiança na sua oferta e motiva os clientes a se juntarem aos demais que já tomaram a decisão de compra.

PERSONALIZAÇÃO NAS OFERTAS

A personalização pode ser um diferencial significativo nas suas estratégias de fechamento. Ofertas personalizadas, baseadas nas preferências e no comportamento anterior dos clientes, demonstram que você entende suas necessidades específicas, aumentando as chances de conversão.

DEMONSTRAÇÕES E TESTES GRATUITOS

Permitir que os clientes experimentem seu produto ou serviço antes da compra pode ser um poderoso motivador para a ação. Testes gratuitos, amostras ou demonstrações práticas reduzem as incertezas e permitem que os clientes vejam por si mesmos o valor da sua oferta.

ACOMPANHAMENTO E RECUPERAÇÃO DE CARRINHO

Não desista dos clientes que mostram interesse, mas hesitam na última hora. Estratégias de acompanhamento, como e-mails de recuperação de carrinho ou ofertas especiais para itens que ficaram na lista de desejos, podem reacender o interesse e incentivar a conclusão da compra.

AVANÇANDO ALÉM DA AÇÃO

Concluir uma venda não é o final da jornada com seu cliente; é apenas o começo de um relacionamento que pode gerar repetição de negócios e referências valiosas. No próximo capítulo, **"PERSONALIZAÇÃO NO PROCESSO AIDA: FAZENDO O CLIENTE SE SENTIR ÚNICO"**, exploraremos como continuar a envolver seus clientes de maneira significativa, personalizando sua experiência pós-compra para fidelização e satisfação a longo prazo.

Esteja pronto para aprender como a personalização não apenas durante, mas também após o processo de venda, pode transformar clientes satisfeitos em defensores leais da sua marca, perpetuando um ciclo virtuoso de engajamento e conversão.

PERSONALIZAÇÃO NO PROCESSO AIDA: FAZENDO O CLIENTE SE SENTIR ÚNICO

A era digital transformou a maneira como interagimos com marcas e produtos, elevando as expectativas dos clientes em relação à personalização. Uma abordagem personalizada não apenas amplifica a eficácia de cada estágio do método AIDA, mas também estreita o relacionamento com o cliente, fazendo-o sentir-se único e valorizado. Neste capítulo, exploraremos como integrar a personalização em cada etapa do processo AIDA para enriquecer a experiência do cliente e fortalecer a lealdade à marca.

ATENÇÃO: DIRECIONAMENTO PERSONALIZADO

A jornada personalizada começa ao capturar a atenção do cliente. Utilize dados demográficos, comportamentais e de navegação para segmentar seu público e criar mensagens e ofertas que ressoem diretamente com os interesses e necessidades específicos de diferentes grupos. Ferramentas de análise e plataformas de automação de marketing são essenciais para identificar padrões e preferências, permitindo ajustar suas campanhas para atrair a atenção de forma mais eficaz.

INTERESSE: CONTEÚDO CUSTOMIZADO

Após capturar a atenção, mantenha o cliente engajado com conteúdo personalizado. Isso pode incluir e-mails segmentados, recomendações de produtos baseadas em compras anteriores ou navegação no site, e conteúdo de blog que aborde questões específicas de segmentos do seu público. A chave é mostrar que você entende e se importa com os interesses únicos de cada cliente, fornecendo valor e construindo um relacionamento contínuo.

DESEJO: OFERTAS SOB MEDIDA

Transformar interesse em desejo requer uma compreensão ainda mais profunda das preferências do cliente. Utilize os dados coletados para personalizar ofertas, destacando como seus produtos ou serviços podem atender às necessidades específicas ou resolver problemas particulares de seus clientes.

A personalização aqui pode incluir ofertas especiais, pacotes personalizados ou previews exclusivos, todos projetados para fazer o cliente sentir que a oferta foi feita especialmente para ele.

AÇÃO: EXPERIÊNCIA DE COMPRA SIMPLIFICADA

Quando o cliente está pronto para agir, a personalização pode simplificar e enriquecer a experiência de compra. Isso inclui o checkout personalizado, que lembra as preferências de pagamento e entrega, ofertas pós-compra baseadas no histórico de compras e suporte ao cliente que reconhece o cliente e suas interações anteriores com a marca. Essa abordagem não apenas facilita a ação de compra, mas também reforça a sensação de ser valorizado e entendido.

PÓS-VENDA: COMUNICAÇÃO CONTÍNUA

A personalização não termina com a compra. O pós-venda é uma oportunidade de ouro para continuar a construir o relacionamento. Isso pode incluir acompanhamento personalizado, suporte pós-venda customizado, e ofertas de reengajamento baseadas em interesses específicos do cliente. Manter a comunicação relevante e personalizada após a compra aumenta a satisfação, fidelidade e as chances de recompra.

UTILIZANDO TECNOLOGIA PARA PERSONALIZAR

A tecnologia é uma aliada indispensável na personalização do processo AIDA. Plataformas de CRM, análise de dados, inteligência artificial e automação de marketing são ferramentas chave para coletar, analisar e agir sobre os dados dos clientes de forma eficaz. Elas permitem não apenas personalizar em escala, mas também ajustar e refinar continuamente suas estratégias para atender melhor às necessidades em evolução dos seus clientes.

OLHANDO PARA O FUTURO

Implementar a personalização em cada etapa do processo AIDA não é apenas uma estratégia para melhorar as conversões;

é um investimento no futuro da sua relação com os clientes. No próximo capítulo, "**SUPERANDO BARREIRAS: AIDA NA PRÁTICA**", exploraremos como superar desafios comuns e implementar efetivamente essas estratégias no mundo real, garantindo que sua abordagem ao AIDA esteja sempre alinhada com as expectativas dos clientes e as tendências do mercado.

Esteja pronto para transformar insights em ações que não só capturam a atenção, mas também constroem relações duradouras, fazendo cada cliente sentir-se verdadeiramente único e valorizado em cada etapa da sua jornada.

SUPERANDO BARREIRAS: AIDA NA PRÁTICA

A implementação do método AIDA, embora eficaz, pode enfrentar diversos desafios e barreiras no ambiente dinâmico de vendas e marketing de hoje. Este capítulo aborda estratégias práticas para superar esses obstáculos, garantindo que você possa aplicar o método AIDA de forma eficiente e eficaz em suas campanhas de marketing e esforços de vendas.

IDENTIFICANDO E SUPERANDO BARREIRAS NA ATENÇÃO

No estágio de ATENÇÃO, a principal barreira é o ruído do mercado. Com tantas marcas competindo pela atenção do mesmo público, destacar-se torna-se um desafio.

Estratégias:

- **Segmentação precisa:** Use dados demográficos, comportamentais e psicográficos para refinar seu público-alvo, garantindo que suas mensagens cheguem às pessoas mais propensas a se interessar pelo que você oferece.

- **Marketing de conteúdo de valor:** Crie conteúdo que seja não apenas relevante, mas também valioso e útil para seu público. Isso pode incluir guias, tutoriais e estudos de caso que abordam problemas específicos ou interesses.

- **Uso de mídias pagas:** Investir em publicidade paga em plataformas onde seu público-alvo passa tempo pode ajudar a cortar o ruído, especialmente quando segmentado corretamente.

ULTRAPASSANDO DESAFIOS NO INTERESSE

Manter o interesse do público após capturar sua atenção pode ser desafiador, especialmente com a diminuição dos tempos de atenção online.

Estratégias:

- **Engajamento interativo:** Utilize ferramentas como quizzes, enquetes e jogos para engajar seu público de maneira interativa, mantendo o interesse vivo.

- Comunicação direta: E-mails personalizados e mensagens diretas nas redes sociais podem ajudar a construir um relacionamento mais pessoal e manter o interesse ao longo do tempo.

TRANSFORMANDO INTERESSE EM DESEJO

A transição do interesse para o desejo é crucial e requer uma compreensão profunda das motivações e necessidades do seu público.

Estratégias:

- Demonstrações e testemunhos: Mostrar seu produto ou serviço em ação, juntamente com testemunhos de clientes satisfeitos, pode transformar interesse curioso em desejo apaixonado.

- Ofertas personalizadas: Utilizar a personalização para criar ofertas que falem diretamente às necessidades e desejos individuais do cliente.

FACILITANDO A AÇÃO

O último passo, induzir à ação, pode encontrar resistência na forma de hesitação ou fricção no processo de compra.

Estratégias:

- Simplificação do processo de checkout: Certifique-se de que o processo de compra seja o mais simples e direto possível, minimizando etapas desnecessárias e facilitando a conclusão da compra.

- Garantias e políticas de devolução claras: Ofereça garantias fortes e uma política de devolução clara para reduzir o risco percebido e encorajar a ação.

SUPERANDO BARREIRAS COM FEEDBACK E AJUSTES

CONTÍNUOS

Um componente crucial para superar barreiras em qualquer estágio do AIDA é o feedback contínuo e a disposição para ajustar suas estratégias.

- **Coleta e análise de dados:** Use dados de interações com clientes, feedback de campanhas e análises de desempenho para entender onde as barreiras estão surgindo.

- **Testes A/B:** Realize testes A/B regularmente em suas campanhas para entender o que funciona melhor e adaptar suas estratégias de acordo.

OLHANDO PARA FRENTE

A aplicação prática do método AIDA exige flexibilidade, inovação e um compromisso contínuo com a adaptação às mudanças do mercado e às necessidades dos clientes. No próximo capítulo, **"UTILIZANDO FERRAMENTAS DIGITAIS PARA POTENCIALIZAR O AIDA"**, exploraremos como as ferramentas digitais e tecnológicas podem ser aproveitadas para amplificar o impacto de cada etapa do AIDA, ajudando você a alcançar seus objetivos de marketing e vendas com maior eficácia.

Prepare-se para mergulhar nas tecnologias e plataformas que podem transformar sua abordagem ao AIDA, garantindo que você esteja equipado para enfrentar os desafios do marketing moderno e aproveitar ao máximo cada oportunidade de engajamento com o cliente.

UTILIZANDO FERRAMENTAS DIGITAIS PARA POTENCIALIZAR O AIDA

No ambiente de marketing atual, altamente digitalizado e em constante evolução, o uso estratégico de ferramentas digitais é fundamental para maximizar o impacto do método AIDA. Este capítulo explora as tecnologias e plataformas que podem ser utilizadas em cada etapa do AIDA, ajudando você a capturar a atenção, manter o interesse, criar desejo e induzir à ação de forma mais eficiente e eficaz.

FERRAMENTAS PARA CAPTURAR ATENÇÃO

A batalha pela atenção do consumidor é feroz, e ferramentas digitais podem ser aliadas valiosas para se destacar.

- **Publicidade paga em mídias sociais e pesquisa:** Plataformas como **Google Ads** e **Facebook Ads** permitem segmentação precisa e entrega de mensagens diretamente aos usuários com maior probabilidade de se interessar pelo seu produto ou serviço.

- **SEO (Search Engine Optimization):** Ferramentas como **SEMrush** e **Ahrefs** podem ajudar a otimizar seu conteúdo para motores de busca, aumentando a visibilidade orgânica e atraindo tráfego relevante para o seu site.

MANTENDO O INTERESSE COM CONTEÚDO

O conteúdo é rei na manutenção do interesse do cliente. Utilize plataformas e ferramentas para criar e distribuir conteúdo que engaje e informe seu público-alvo.

- **Plataformas de gerenciamento de conteúdo (CMS):** **WordPress** e **HubSpot** são exemplos de sistemas que facilitam a criação, gerenciamento e otimização de conteúdo para diferentes canais.

- **Automação de marketing:** Ferramentas como **Mailchimp** e **Marketo** permitem automatizar campanhas de e-mail marketing, mantendo o público engajado com conteúdo personalizado e relevante.

CRIANDO DESEJO COM PERSONALIZAÇÃO

A personalização é essencial para transformar interesse em desejo. As ferramentas digitais podem ajudar a personalizar a experiência do usuário, mostrando como seu produto ou serviço se encaixa perfeitamente em suas vidas.

- **Plataformas de dados do cliente (CDP):** Ferramentas como **Segment** e **Tealium** coletam e organizam dados do cliente em uma única visão, permitindo segmentação avançada e personalização de mensagens.

- **Recomendação e personalização de conteúdo:** Ferramentas como **Optimizely** e **Adobe Target** permitem personalizar experiências de usuário no site ou em aplicativos, aumentando a relevância e o desejo pelo produto.

INDUZINDO À AÇÃO COM FACILIDADE

Facilitar a ação do cliente é crucial para converter interesse e desejo em vendas.

- **Plataformas de E-commerce: Shopify** e **Magento** oferecem soluções robustas para criar experiências de compra online otimizadas, simplificando o processo de checkout para reduzir o abandono de carrinho.

- **Ferramentas de CRO (Conversion Rate Optimization): Hotjar** e **Crazy Egg** fornecem insights sobre o comportamento do usuário no site, permitindo otimizar páginas para conversão, destacando CTAs e simplificando jornadas de usuário.

INTEGRANDO FERRAMENTAS PARA UMA ESTRATÉGIA COESA

A chave para maximizar o impacto do AIDA no ambiente digital é integrar essas ferramentas em uma estratégia coesa. Isso significa garantir que cada ferramenta e plataforma seja utilizada de maneira a complementar e reforçar as outras, criando uma jornada do cliente suave e persuasiva que guie suavemente o consumidor de uma etapa do AIDA para a próxima.

À medida que avançamos para "**AIDA EM DIFERENTES CANAIS: ONLINE E OFFLINE**", é crucial entender como essas ferramentas digitais se integram e complementam estratégias offline, garantindo uma abordagem de marketing omnichannel que alcance o consumidor onde quer que ele esteja. Este equilíbrio entre o digital e o físico é essencial para criar campanhas de marketing e vendas verdadeiramente eficazes.

Prepare-se para explorar como harmonizar suas estratégias online e offline, utilizando o melhor de ambos os mundos para capturar a atenção, engajar, criar desejo e induzir à ação em uma variedade de contextos e pontos de contato com o cliente.

AIDA EM DIFERENTES CANAIS: ONLINE E OFFLINE

No universo das vendas e do marketing, compreender como aplicar o método AIDA tanto em canais online quanto offline é crucial para alcançar um espectro amplo de potenciais clientes e maximizar o impacto de suas estratégias. Este capítulo explora como você pode harmonizar suas ações entre os dois mundos, criando uma experiência de marca coesa e eficaz que guia o consumidor através de cada etapa do processo de compra, independentemente do canal.

ATENÇÃO EM CANAIS DIVERSIFICADOS

A primeira etapa do AIDA, capturar a atenção, pode ser alcançada através de uma variedade de canais.

- **Online:** As redes sociais, o SEO e a publicidade paga são ferramentas poderosas para capturar a atenção online. Cada plataforma tem seu próprio conjunto de melhores práticas e formatos que podem ser explorados para alcançar seu público-alvo.

- **Offline:** Publicidade tradicional como outdoors, rádio e TV ainda são eficazes para alcançar um público amplo e diversificado. Participação em eventos e patrocínios também podem aumentar a visibilidade da marca.

MANTENDO O INTERESSE

Manter o interesse do cliente requer conteúdo relevante e engajador, tanto online quanto offline.

- **Online:** Blogs, e-mails e mídias sociais são plataformas ideais para fornecer conteúdo que educa, entretém e informa, mantendo o interesse ao longo do tempo.

- **Offline:** Materiais impressos, como brochuras e newsletters, bem como workshops e seminários, podem fornecer valor agregado, mantendo o interesse do seu público.

CRIANDO DESEJO

Transformar o interesse em desejo exige uma compreensão profunda das motivações do cliente e uma apresentação convincente dos benefícios do seu produto ou serviço.

- **Online:** Personalização e recomendação de produtos baseadas em dados de comportamento do usuário online podem criar uma conexão mais profunda e gerar desejo.

- **Offline:** Demonstração ao vivo de produtos, experiências imersivas em lojas físicas ou atendimento personalizado podem ser extremamente eficazes para criar desejo.

INDUZINDO À AÇÃO

A ação é o objetivo final, e facilitar essa etapa para o cliente é essencial, seja online ou offline.

- **Online:** Checkouts otimizados, ofertas por tempo limitado e CTAs claras em websites e plataformas de e-commerce são fundamentais para converter interesse em compra.

- **Offline:** Vendedores bem treinados, ofertas exclusivas na loja e facilidades de pagamento podem induzir os clientes à ação de forma eficaz.

ESTRATÉGIAS INTEGRADAS PARA UM IMPACTO MAIOR

A chave para uma estratégia de AIDA bem-sucedida em diferentes canais é a integração. As campanhas devem ser coesas e complementares, garantindo que mensagens e valores da marca sejam consistentes em todos os pontos de contato com o cliente.

- **Campanhas multicanal:** Desenvolva campanhas que cruzem online e offline, reforçando a mensagem da marca e guiando o cliente suavemente de uma etapa do AIDA para a próxima.

- **Análise e ajuste:** Use dados de ambos os mundos para analisar o desempenho, ajustar estratégias e otimizar o retorno sobre o investimento.

À medida que avançamos para "**RECURSOS PARA APROFUNDAR SEU CONHECIMENTO EM AIDA**", é essencial reconhecer que a aplicação eficaz do método AIDA, seja online, offline ou através de uma abordagem integrada, requer um entendimento profundo do seu público-alvo e uma capacidade de adaptar e personalizar suas estratégias para atender às suas necessidades e preferências. Esteja pronto para explorar uma gama de recursos que irão aprofundar seu entendimento e habilidade em aplicar o método AIDA de forma eficaz em suas próprias campanhas.

RECURSOS PARA APROFUNDAR SEU CONHECIMENTO EM AIDA

Dominar o método AIDA e aplicá-lo efetivamente em suas estratégias de marketing e vendas é um processo contínuo de aprendizado e adaptação. Felizmente, há uma vasta gama de recursos disponíveis para aprofundar seu conhecimento e refinar suas habilidades. Este capítulo oferece uma seleção cuidadosa de recursos que podem enriquecer sua compreensão do AIDA e potencializar suas campanhas.

Livros

- **Influence: The Psychology of Persuasion, por Robert Cialdini:** Embora não focado exclusivamente no AIDA, este clássico fornece insights fundamentais sobre como as pessoas são persuadidas, o que é crítico em todas as etapas do AIDA.

- **Contagious: How to Build Word of Mouth in the Digital Age, por Jonah Berger:** Aprenda como criar conteúdo que capta a atenção e é compartilhado amplamente, um componente chave da etapa de Atenção no AIDA.

- **Made to Stick: Why Some Ideas Survive and Others Die, por Chip Heath e Dan Heath:** Este livro oferece estratégias valiosas para tornar suas mensagens memoráveis, ajudando a manter o interesse e criar desejo.

Cursos online

- **Digital Marketing Specialization, no Coursera:** Oferecido pela Universidade de Illinois, este curso abrange várias facetas do marketing digital, incluindo como capturar a atenção e engajar o público online.

- **Marketing in a Digital World, na edX:** Este curso explora como as ferramentas digitais transformam o marketing e podem ser utilizadas para implementar o método AIDA eficazmente.

Workshops e webinars

- Participar de workshops e webinars oferecidos por líderes da indústria e instituições educacionais pode fornecer insights atualizados e práticos sobre como o AIDA está sendo aplicado em diferentes setores. Procure eventos que se concentram em tendências emergentes no marketing digital, psicologia do consumidor e estratégias de conteúdo.

Blogs e podcasts

- **HubSpot Blog:** Uma excelente fonte de artigos educativos sobre todos os aspectos do marketing e vendas, incluindo estratégias para implementar o AIDA.

- **Marketing Over Coffee:** Um podcast que cobre tanto táticas de marketing tradicionais quanto as últimas tendências em marketing digital, oferecendo insights aplicáveis ao AIDA.

Ferramentas de análise e teste

- Dominar o uso de ferramentas de análise como Google Analytics, bem como plataformas de teste A/B como Optimizely, é crucial para medir a eficácia de suas estratégias de AIDA e ajustar suas abordagens com base em dados reais.

Próximos passos

Com estes recursos ao seu alcance, você está bem equipado para explorar mais profundamente cada aspecto do método AIDA e como ele pode ser aplicado para melhorar suas estratégias de marketing e vendas. No próximo capítulo, "**PLANO DE AÇÃO DE 30 DIAS: IMPLEMENTANDO AIDA NO SEU PROCESSO DE VENDAS**", forneceremos um guia passo a passo para colocar em prática o que você aprendeu, ajudando a transformar teoria em ação e ideias em resultados mensuráveis. Prepare-se para mergulhar em um plano prático que irá estruturar sua aplicação do AIDA, garantindo que você possa começar a ver melhorias tangíveis em suas campanhas de marketing e vendas.

PLANO DE AÇÃO DE 30 DIAS: IMPLEMENTANDO AIDA NO SEU PROCESSO DE VENDAS

A implementação eficaz do método AIDA em suas estratégias de marketing e vendas pode transformar o engajamento do cliente e impulsionar as conversões. Este capítulo oferece um plano de ação detalhado de 30 dias para integrar o AIDA em seu processo de vendas, garantindo uma abordagem estruturada que pode ser adaptada às necessidades específicas do seu negócio.

DIA 1-2: DEFINA SEU PÚBLICO-ALVO

- Realize uma pesquisa detalhada para identificar claramente seu público-alvo. Use dados demográficos, psicográficos e comportamentais para criar personas de cliente.

DIA 3-4: MAPEIE A JORNADA DO CLIENTE

- Entenda como seu público-alvo se move pelo funil de vendas. Identifique pontos de contato chave e como o método AIDA se aplica em cada etapa.

DIA 5-7: PLANEJE ESTRATÉGIAS ESPECÍFICAS DE AIDA

- Desenvolva ideias criativas para capturar a atenção, gerar interesse, criar desejo e induzir a ação. Planeje campanhas que possam ser executadas em diferentes canais, tanto online quanto offline.

DIA 8-10: CRIE CONTEÚDO PARA CAPTURAR ATENÇÃO

- Desenvolva conteúdo visual atraente, títulos chamativos e mensagens persuasivas destinadas a chamar a atenção do seu público-alvo.

DIA 11-12: LANCE CAMPANHAS DE ATENÇÃO

- Implemente suas campanhas de atenção usando a publicidade paga, mídias sociais, SEO e outros canais relevantes.

DIA 13-15: MONITORAMENTO E AJUSTE

- Monitore o desempenho das suas campanhas de atenção. Use ferramentas de análise para ajustar e otimizar as estratégias conforme necessário.

DIA 16-18: DESENVOLVA CONTEÚDO DE ENGAJAMENTO

- Produza e distribua conteúdo que eduque e informe seu público, como artigos de blog, e-books e webinars, para manter o interesse.

DIA 19-20: ESTRATÉGIAS DE ENGAJAMENTO

- Implemente estratégias interativas, como quizzes e enquetes, para aumentar o engajamento do cliente.

DIA 21-22: AVALIAÇÃO E OTIMIZAÇÃO

- Revise as métricas de engajamento. Faça ajustes nas estratégias para melhorar o interesse e o envolvimento do cliente.

DIA 23-24: CRIE OFERTAS PERSONALIZADAS

- Use dados do cliente para criar ofertas personalizadas que falam diretamente às suas necessidades, aumentando o desejo.

DIA 25-26: DEMONSTRAÇÕES E PROVAS SOCIAIS

- Implemente demonstrações de produtos e compartilhe testemunhos e estudos de caso para fortalecer o desejo pelo seu produto ou serviço.

DIA 27: ANÁLISE DE DESEJO

- Avalie a eficácia das suas estratégias em criar desejo. Ajuste sua abordagem com base no feedback e nos dados coletados.

DIA 28-29: FACILITE A AÇÃO DE COMPRA

- Simplifique o processo de compra e implemente CTAs claras e atraentes. Ofereça incentivos, como descontos por tempo limitado ou ofertas especiais, para encorajar a ação.

DIA 30: AVALIAÇÃO FINAL E AJUSTES

- Revise o desempenho geral das campanhas AIDA. Identifique as áreas de sucesso e aquelas que precisam de melhoria. Planeje os próximos passos para refinar e expandir suas estratégias de AIDA.

Este plano de 30 dias é apenas o começo. Implementar o método AIDA em seu processo de vendas é um ciclo contínuo de aprendizado, teste e otimização. Use os insights adquiridos durante este mês para refinar suas abordagens, explorar novas estratégias e continuar a construir relacionamentos mais profundos com seus clientes. Com dedicação e adaptação, o método AIDA pode se tornar uma ferramenta poderosa em seu arsenal de marketing e vendas, impulsionando o engajamento do cliente e elevando suas conversões a novos patamares.

Ao virarmos a última página desta jornada juntos, espero sinceramente que os aprendizados compartilhados aqui tenham tocado seu coração e despertado novas perspectivas. Se este livro lhe trouxe algum valor, peço gentilmente que dedique alguns momentos para deixar sua avaliação na Amazon. Suas palavras não apenas me ajudam a crescer e aprimorar minha arte, mas também guiam outros leitores em suas buscas por conhecimento e inspiração. Sua opinião é um presente valioso, tanto para mim quanto para a comunidade de leitores em busca de histórias que transformam. Agradeço de coração por compartilhar esta jornada comigo e espero que possamos nos encontrar novamente nas páginas de uma nova aventura.

REGINALDO OSNILDO

Olá, sou Reginaldo Osnildo, autor e inovador nas áreas de vendas, tecnologia, e estratégias de comunicação. Minha experiência abrange desde o ambiente acadêmico, como professor e pesquisador na Universidade do Sul de Santa Catarina, até a prática como estrategista no Grupo Catarinense de Rádios. Com um doutorado em narrativas de vendas e convergência digital, e um mestrado em storytelling e imaginário social, eu trago para meus leitores uma fusão única entre teoria e prática. Meu objetivo é fornecer conhecimento em uma linguagem simples, prática e didática, incentivando a aplicação direta na vida pessoal e profissional.

Atenciosamente

Prof. Dr. Reginaldo Osnildo

+55 48 991913865

reginaldoosnildo@gmail.com